AF440382

LA
RÉPUBLIQUE
ET LES
PAYSANS

PAR UN

Ouvrier Lyonnais

PRIX : 20 CENTIMES

LYON
IMPRIMERIE A. A. PASTEL
PETITE RUE DE CUIRE, 10.

1878

Rhône
// 509

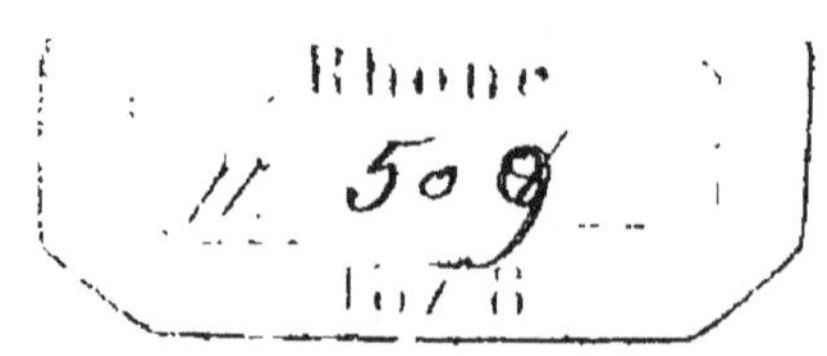

LA
RÉPUBLIQUE

ET LES

PAYSANS

PAUL. — Mon bien cher et ancien camarade, me trouvant de retour au village natal, ma première pensée a été de venir te serrer la main et m'entretenir avec toi de quelques souvenirs qui me sont toujours chers et me rappellent notre enfance. Car, malgré ma longue absence, j'ai toujours conservé pour le lieu qui m'a vu naître un tendre intérêt, et pour toi une amitié sincère.

Raconte-moi donc un peu ce qui s'est passé depuis mon départ du pays, et dis-moi ce que sont devenus nos anciens camarades.

JACQUES. — Mon cher Paul, je suis heureux de te revoir et de pouvoir causer avec toi de quelques vieux souvenirs de notre jeunesse, mais je n'ai toutefois rien de bien extraordinaire à te raconter.

Nos anciens camarades et moi nous sommes tous dans une humble position, et c'est avec la plus grande peine que nous pouvons faire face à nos dépenses.

Moi, j'ai succédé à mon père. Je suis fermier au château de Monsieur le Comte et chaque année, après avoir payé le prix du fermage, il me reste bien juste de quoi nourrir ma femme et mes enfants, malgré un travail opiniâtre et incessant.

Quant à toi, cher ami, je ne sais si je me trompe, mais il me semble que tu es dans une situation plus prospère que celle de tous tes anciens camarades. Je souhaite que mes pressentiments soient justes et que tu sois plus heureux que nous tous, mais fais-moi le plaisir de me donner quelques détails sur ton long voyage.

PAUL. — Mon bon Jacques, depuis plus de vingt ans que j'ai quitté le toit paternel, comme toi j'ai supporté beaucoup de revers ; comme toi j'ai une femme et des enfants chéris, et je suis obligé de travailler avec force et courage pour pourvoir à tous les bèsoins de ma famille. Car l'artisan de la ville et le laboureur sont soumis aux mêmes charges. Nous avons tous pour devise *le Travail*; seul il est notre fortune, notre espérance et notre consolation. Oui, cher ami, sois bien persuadé que dans les grandes villes comme dans les campagnes, nous, ouvriers, c'est par le travail que nous devons combattre et supporter toutes les charges qui nous incombent.

Tu vois donc que c'est tout comme si je n'avais jamais quitté la campagne. J'ai toujours travaillé avec résignation, et j'ai eu pour récompense la satisfaction du devoir accompli.

Il faut que je te dise que j'ai appris ce que, sans doute, je n'aurais pas appris dans mon village : j'ai appris à connaître les *droits* et les *devoirs* de l'homme et de la femme, chose indispensable à tous les êtres humains pour vivre et mourir en brave ciotyen, et je suis devenu républicain.

C'est ce qui me rend le cœur gai, satisfait et me fait supporter les peines de la vie avec une douce résignation.

JACQUES. — Oh! bah! Comment, tu me dis

que tu es républicain, tu m'étonnes, car dans notre village, monsieur le Maire, monsieur le Marquis et tous les gros bonnets de l'endroit, jusqu'au garde-champêtre, tous disent que les républicains ne sont pas de braves gens. Ils prétendent que ce sont des partageurs de biens, des fainéants qui veulent vivre sans rien faire, enfin, à les entendre parler, on croirait que ce sont tous des voleurs et même des assassins. Vrai, je me sens tout ému, et me demande le quel de nous deux est trompé et si c'est toi qui es dans l'erreur ou moi qui m'abuse.

PAUL. — Rassure-toi, Jacques, je vais te dire pourquoi je suis républicain, et tu comprendras bientôt lequel de nous deux est dans le vrai. Je le suis parceque, grâce à l'instruction morale que j'ai tirée de l'expérience acquise, je me suis convaincu que la République est la meilleure forme de gouvernement que nous puissions avoir, car elle coûte moins cher et elle est seule durable et équitable. C'est le gouvernement du peuple par le peuple. Elle a pour bases : l'égalité des droits de l'homme devant la loi, sans distinction de classe ni de rang; la justice sans partialité; la liberté n'ayant de limites que la liberté d'autrui; la fraternité des peuples; le service militaire obligatoire pour tous, mais de courte durée; l'anéantissement des guerres de tout genre, surtout des guerres civiles, et enfin l'instruction gratuite et obligatoire.

Tandis que la Monarchie c'est le gouvernement du privilége pour quelques-uns au détriment du plus grand nombre, surtout des travailleurs. Elle traîne à sa suite les lourds impôts, le gaspillement des finances, la presse bâillonnée, le pouvoir public entre les mains des possesseurs de grosses fortunes.

Ce gouvernement, c'est nos frères et nos fils armés sous les drapeaux pour défendre et maintenir au pouvoir les monarques et leurs complices; c'est le maintien des guerres de tout genre et la force brutale primant le droit.

JACQUES. — Ton récit me saisit. Il me semble apercevoir un rayon de lumière qui se fait autour de moi. Je me sens tenté de pencher de ton côté; mais j'ai pourtant de la peine à croire que j'aie été trompé par les gens qui jouissent de la plus grande confiance et qui occupent les premiers rangs au village. Je me demande si tous ceux qui m'ont tenu un autre langage que celui que tu viens de me faire entendre ont été mis dans

'erreur comme moi, ou s'ils ont intérêt à nous
mentir.

PAUL. — Que ce soit par intérêt ou par igno-
ance, il est un fait certain, c'est que toi et tous
os anciens amis, vous avez été trompés par les
ros bonnets, qui sont les privilégiés sous tous les
gouvernements monarchiques.

Eux seuls ont intérêt à nous tenir dans l'igno-
ance, car ils savent parfaitement que lorsque
hacun de nous reconnaîtra ses droits et ses de-
oirs, ils ne pourront plus nous mentir impunément et faire de nous leurs humbles serviteurs soumis et spoliés par eux.

Ils n'ignorent pas que la République seule peut
donner au prolétaire l'émancipation, qui est le
ésultat de l'instruction gratuite et obligatoire pour
ous.

C'est pour cela qu'ils maudissent la République
t les républicains.

JACQUES. — Décidément, je reconnais que
ai été trompé et, à dater de ce jour, je ne serai
lus aussi croyant à l'égard de ceux qui m'ont
ait croire que la République est un gouvernement
e désordre. Je m'aperçois que c'est tout le con-

traire, et ce qui me frappe surtout, c'est qu'elle coûte moins cher et qu'elle donne à tout le monde les moyens de s'instruire gratuitement, chose dont nous autres, pauvres gens, nous avons tant besoin pour nous et nos enfants.

Puisque c'est ainsi, je te promets que, comme toi, désormais j'aimerai la République.

PAUL. — J'éprouve une douce satisfaction à t'entendre parler ainsi et à constater que les quelques paroles que nous avons échangées ont suffi pour te faire comprendre que tu étais dans l'erreur.

Mais s'il te restait encore quelque doute sur la valeur de la forme de gouvernement de la République, nous n'avons qu'à jeter un coup d'œil en arrière sur l'histoire de notre chère France, et nous reconnaîtrons bientôt que chaque fois qu'elle a été désorganisée et conduite à l'abîme par diverses monarchies, la République seule a toujours su nous tirer des impasses fatales ; nous nous convaincrons, en outre, que toutes les monarchies qui se sont succédé en France ont toujours succombé sous le poids de leur faute, que toujours la République a été égorgée par des princes prétendants et qu'elle a succombé grâce à l'ignorance du peuple.

Pour aujourd'hui je ne te parlerai pas de toutes les révolutions qu'a eu à subir notre belle France ; arrêtons-nous seulement un instant au règne du dernier Empire, qui a su exploiter nos suffrages et qui, pendant vingt ans, a tenu la France sous le régime de son bon plaisir et de ses caprices, gaspillant nos finances au profit de quelques intrigants avec qui il partageait nos richesses.

Lors de son avénement au pouvoir, Napoléon III disait : « L'Empire, c'est la paix » ; alors que lui-même ne songeait qu'à la guerre.

A sa première intervention à Rome, ont succédé diverses guerres d'aventure, qui n'ont pris fin qu'à Sedan, par l'invasion de la France par les Prussiens et par la cession, à ces ennemis implacables, de deux provinces et de cinq milliards.

Grâce à l'occupation étrangère, plusieurs départements ont eu à subir des pertes énormes. Combien d'édifices, combien de maisons ont été endommagés ou détruits ! Combien de belles vignes, combien de splendides forêts ont été transformées en champs de bataille ! Combien de familles, hélas! ont été obligées de quitter leur foyer! On voyait les femmes, les jeunes filles, les enfants chercher ailleurs un asile pour se soustraire aux caprices des envahisseurs, tandis que les hommes prenaient leurs armes pour repousser l'ennemi. Il n'y avait pas une âme sensée qui n'eût été touchée de douleur à la vue des malheurs qui ont accablé la France en 1870-1871.

Quel est donc le vieillard qui, s'il n'a pas pris une part active à la défense de son pays, n'a pas eu à supporter toutes les douleurs morales en voyant les siens aller bravement au-devant de l'ennemi?

Quelle est donc la mère de famille, la veuve, qui n'a pas eu au service de la patrie un ou plusieurs de ses parents?

Quelle est donc la jeune fille qui n'a pas eu à pleurer la mort de son père, de ses frères ou de son fiancé?

Combien de jeunes enfants sont restés orphelins à la suite de cette terrible guerre!

La France entière était en deuil et noyée dans les larmes.

Depuis l'enfant jusqu'au vieillard, chacun a eu à supporter sa part de chagrins et de privations.

Tandis que ces braves fils de la France, n'écou-
ant que leur devoir et leur courage, allaient dé-
'endre le sol français envahi, bivouaquant dans la
neige et endurant les atroces douleurs du froid et
le la faim, tous leurs parents, tous leurs amis
'imposaient des sacrifices, ne reculaient devant
ucune privation pour pouvoir leur faire parvenir
es secours soit en argent, soit en vêtements,
our apporter quelques soulagements à leurs
naux et soutenir leur courage.

Mais hélas ! argent et vêtements ne leur parve-
aient que très-difficilement, souvent trop tard et
uelquefois pas du tout.

La plupart du temps même, lorsque ces mal-
eureux avaient de l'argent, il ne leur était pas
ossible de s'en servir, car les Prussiens avaient
ut ravagé devant eux, ne laissant rien dans
s villages qu'ils avaient traversés, et devant les-
uels venaient camper nos pauvres soldats mou-
nt de faim, n'ayant pour abri que les arbres
nudés et pour lit que la neige ou la terre
lée.

Et pendant ce temps-là, au foyer de toutes les
milles, chacun était anxieux et navré de douleur.

Telle était la situation d'alors, et voilà, cher ami, où nous a conduits l'Empire.

JACQUES. — Le tableau que tu viens de me faire des horreurs de la dernière guerre et les tristes souvenirs que tu m'as rappelés me brisent le cœur.

Oui, c'est vrai, les monarchies, quelles qu'elles soient, sont des gouvernements détestables. La République est bien, comme tu le dis, le seul gouvernement que nous puissions accepter et, je te le jure, comme toi je veux vivre et mourir républicain.

Mais, pendant que nous sommes ensemble dans cette humble chaumière, où je suis heureux de t'offrir l'hospitalité, laisse-moi te prier de compléter mon instruction et de me faire connaître quels sont les droits et les devoirs d'un bon républicain, afin que je puisse user des uns et accomplir les autres.

PAUL. — Pour être bon républicain, il faut être parfaitement honnête, tâcher d'être utile à ses semblables, dans la mesure de ses moyens, sans compter sur la réciprocité, ne jamais médire, ne porter préjudice à personne, respecter la justice et les lois, même celles de la nature, qui sont les lois de Dieu. Il faut s'instruire et faire ins-

uire ses enfants autant que possible, afin qu'ils
uissent bien connaître les lois qui nous régissent,
ire valoir leurs droits en toute connaissance de
ause et s'acquitter dignement de leurs devoirs.

N'oublions pas que, pour faire un bon républi-
ain, l'instruction est de première nécessité, mais
on pas cette instruction faussée, que les classes
irigeantes s'efforcent de nous donner, et qu'ils
irigent de façon à ce qu'ils puissent impunément
onserver leurs priviléges.

Loin de nous cette instruction qui ne repose
ue sur de faux préjugés. Ce qu'il nous faut, c'est
ne instruction libre, ayant pour base la vérité,
es lois de la nature et ne reposant que sur des
hoses possibles, pratiques et définissables.

C'est là l'éducation morale que tout citoyen
oit chercher à posséder, afin que, loyalement,
vec connaissance de cause, il puisse remplir ses
evoirs et faire valoir ses droits.

. Oui, cher ami, c'est cette instruction morale
ui est indispensable au fondement de la Répu-
lique et qui peut seule nous faire profiter de
us ses bienfaits. Mais il ne suffit pas d'avoir un
ouvernement s'affublant du nom de « Républi-

que », il faut encore que nous soyons administrés par des républicains sincères et convaincus.

La République sans républicains n'est qu'une monarchie déguisée.

Mais je dois te donner ici toutes les explications qui te permettront de reconnaître les moyens pratiques que doit employer un bon républicain et la ligne de conduite qu'il a à suivre.

Sans doute, dans ton village, tu as entendu parler des diverses dénominations dont, à tort ou à raison, l'on qualifie les républicains. On les appelle : 1° conservateurs, 2° modérés ou libéraux, 3° radicaux.

Je vais tâcher de te faire comprendre la différence qu'il y a entre ces trois dénominations.

De ceux qu'on nomme « conservateurs », la plupart ne sont que des royalistes ou des impérialistes qui n'osent pas avoir le courage de leur opinion. Ils se servent du masque de la République pour cacher leurs intrigues réactionnaires ; ils sont tous anti-républicains.

Ils ont cependant quelque raison de se dire conservateurs, mais ils oublient de désigner ce qu'ils veulent conserver. Ils ne sont conservateurs que

les priviléges de la noblesse, des vieux préjugés
et de toutes leurs conséquences.

Les « libéraux » sont ceux qui, sans avoir conribué à l'avénement de la République, l'ont acceptée et l'acceptent franchement, sans arrière
pensée, ayant compris qu'elle est la seule forme
possible de gouvernement. Ils diffèrent de bien
peu avec les radicaux, et s'il y a entre eux
quelque différence de tactique dans les temps ordinaires, les jours où la République se trouve
menacée dans ses bases fondamentales, on les
trouve toujours unis, toujours serrés en rangs
compacts sous le même drapeau, le drapeau sur
lequel sont écrits les immortels principes de 1789.

Quant aux « radicaux », ce sont ceux qui ont
salué l'avénement de la République comme un
jour de délivrance du joug des oppresseurs de
toute espèce.

Les radicaux sont ceux qui, sans aucune restriction, arborent le grand principe de la souveraineté nationale et l'acceptent dans toutes ses
conséquences.

Néanmoins, malgré leur désir d'atteindre promptement le but qui doit couronner leurs efforts, ils

savent tenir compte des circonstances, des temp
et des choses ; ils savent faire les concessions lors
que l'occasion l'exige ; ils tendent toujours un
main amie et fraternelle à tous ceux qui, de bonn
foi, ne pensent pas comme eux et qui ont des opi
nions différentes des leurs et, dans aucun cas, il
n'ont la prétention d'imposer à qui que ce soi
leurs croyances et leurs principes.

Ils ne cherchent à atteindre le but de leur mis
sion que progressivement et à vaincre par la per
suasion.

N'oublions jamais que, dans tous les temps
ils ont donné des preuves de leur sagesse, de leu
dévoûment à la cause de l'émancipation des tra
vailleurs.

Ne perdons pas de vue que, dans les rangs e
à la tête des radicaux, nous rencontrons encore au
jourd'hui une phalange de vénérables vieillards,
républicains de tous les temps, respectables lut
teurs, les pères du peuple, les créateurs du suf
frage universel.

C'est à ces hommes que le peuple doit tout, à
eux qui ont tout souffert, à eux qui, après avoir été
persécutés par les Bourbon des deux branches,

t été arrachés à leur famille, dépouillés de tout exilés par l'Empire. Mais malgré toutes ces uffrances et toutes ces tortures, ils n'ont jamais ssé un seul jour, de près ou de loin, de vailler pour la cause de l'humanité. C'est là ut leur crime, c'est là la cause de leur persécu-n.

A leur retour à la mère patrie, ces nobles cham-ons, ces illustres vétérans, après avoir blanchi us les harnais, ont-ils songé aux représailles ? h non ! jamais, au grand jamais.

Pour tous les délinquants politiques, pour tous s égarés d'un jour, et même pour leurs spolia-urs, ils ont toujours sur les lèvres et au cœur mot sublime : « amnistie ! » Soyons donc bien nvaincus, nous jeunes républicains, que les radi-ux sont les véritables amis du peuple et les véri-bles conservateurs des institutions républicaines de la République. Ils sont l'avant-garde, les rte-drapeaux des légions de la démocratie. Ils nt les jalonneurs des sillons du progrès ; ils nt les éclaireurs qui portent le flambeau de vérité, dont la lumière doit nous guider dans la ande voie de l'humanité.

Comme l'a dit le digne et vénéré F.-V. Raspail
dont la vie et la mémoire seront pour les peuple
une source inépuisable d'exemples, qui croît en s
perpétuant à travers les siècles futurs : « l'huma
nité est l'œuvre de Dieu et non celle des hommes»

Mon bien cher Jacques, tu dois comprendr
maintenant dans quel camp nous devons, le jou
des élections, choisir nos représentants, si nou
voulons obtenir et conserver la République et l
voir administrée par de vrais républicains.

Je ne puis pas, aujourd'hui, te détailler tous le
bienfaits que peut nous procurer la véritable Ré
publique ; je te dirai seulement qu'en la consti
tuant définitivement, nous fermerons la porte au
révolutions intérieures, car la République est un
société permanente qui, comme l'eau d'une ri
vière, peut se renouveler constamment et petit
petit. Ce renouvellement insensible ne produit au
cun incident grave, pas de guerre civile, pas d
sang versé. J'ajouterai que la République, aprè
avoir fait cesser les guerres intérieures, doit clor
l'ère des guerres étrangères, attendu que tou
Français valide, après un service actif de court
durée, doit être soldat-citoyen jusqu'à quarante o

inquante ans, sans distinction de rang, pour la
éfense de la patrie, dans le cas d'une invasion
trangère. Or, il est facile de prévoir que du
ioment où tous les Français valides seront appe-
ès à payer leur dette de sang à la patrie, à part
gale, alors, les classes dites dirigeantes, qui, jus-
u'aujourd'hui, n'ont cherché que des sujets de
uerre, réfléchiront à deux fois avant de courir
près de nouvelles aventures, en songeant qu'à
ôté du fils de l'ouvrier seraient enrégimentés le
ls du gros bourgeois, l'enfant du noble, et que le
ang qu'ils ont occupé et les priviléges dont ils ont
rofité ne pourront pas les dispenser de se sou-
iettre à la loi. En ce cas, le contingent de l'armée
ermanente s'élèverait à un chiffre peu élevé,
indis que, sous l'ancien régime, l'armée perma-
ente, très-nombreuse, privait l'industrie et l'agri-
ulture des plus forts et des meilleurs de leurs
ras, et plongeait dans la désolation des masses
e familles, en privant, pendant plusieurs années,
n père, une mère âgés et de jeunes orphelins, des
essources que pouvait leur procurer un enfant
ans toute sa force, et que ses parents avaient élevé
u prix de leurs sueurs et de grandes privations.

L'élite des hommes, à la fleur de leur jeunesse,

passait plusieurs années sans rien produire, et surtout, ce qu'il y avait de triste, c'est que pendant que ces braves jeunes gens étaient sous les drapeaux, ils étaient les instruments dont se servaient les rois, les empereurs et tous leurs acolytes, pour nous gouverner à leur gré, selon leur bon plaisir, nous faire payer de gros impôts et nous obliger à travailler presque au-dessus de nos forces, tandis que tous ces monarques vivaient au sein de l'opulence, regorgeant de richesses, nageant dans les plaisirs, allant quelques fois jusqu'à se livrer à la débauche, et même jusqu'à l'orgie. Et pendant ce temps-là, nous, les producteurs de toutes les richesses, nous ne pouvions nous procurer le strict nécessaire qu'au prix des labeurs les plus pénibles.

JACQUES. — Ton raisonnement me paraît si clair et si persuasif que je ne puis douter que ce que tu me dis est bien la vérité, rien que la vérité. Je sens en moi deux courants qui débordent mon cœur : d'un côté un torrent de larmes de joie et le sentiment du devoir qui s'impose à moi et qui me dit que je dois prodiguer la lumière à ma femme, à mes enfants et à tous ceux qui sont plongés dans les ténèbres de l'ignorance.

D'un autre côté, un torrent de haine et de dé-
lain pour tous ceux qui nous ont dupés.

Je n'ai plus de doute, je comprends enfin que
es monarques et leurs complices sont les auteurs
le tous nos maux, des guerres de tout genre, de
outes nos discordes et la source de toutes nos
nisères. Oui, j'en suis sûr aujourd'hui, les rois, les
mpereurs ne peuvent régner que par la ruse et
ar l'intrigue, en nous faisant entregorger de peu-
le à peuple, de nation à nation, et quelquefois
ntre père, frères et amis.

Chaque heure, chaque minute qui s'écoulent re-
oublent le mépris dont mon cœur est rempli à
eur égard. Je bondis d'impatience, j'éprouve en
noi un besoin impérieux de faire tomber les mas-
ues de tous ces misérables qui nous ont indigne-
lent trompés.

PAUL. — Mon ami, je comprends ton émo-
lon, mais rassure-toi, souviens-toi que nous avons
ntre les mains, pour vaincre et soumettre nos ad-
ersaires, l'arme nécessaire, l'arme qui ne peut
aillir si nous savons nous en servir : c'est le suf-
rage universel, qui est l'arme du brave, l'arme du
nge, l'arme qui ne tue pas.

N'oublie jamais que de l'urne électorale doit sortir le triomphe de la vérité et de la cause du prolétariat.

Néanmoins, ne perds pas de vue que, pour atteindre le but qui doit couronner nos efforts, nous devons veiller sans cesse, veiller toujours sur les intrigues réactionnaires qui peuvent se tramer contre la République, afin que nous ne retombions pas dans l'impasse fatale dont nous sommes à peine sortis.

Soyons les fidèles gardiens, les propagateurs des institutions républicaines et déclarons à l'ignorance une guerre sans trêve et sans relâche, car elle est la cause première de tous nos maux.

Reconnaissons de bonne foi que, nous surtout les habitants de la campagne, plus d'une fois, par notre ignorance, nous nous sommes faits les complices des intrigants qui nous ont opprimés jusqu'à présent.

Oui, il faut l'avouer, c'est grâce à l'ignorance dans laquelle nous étions plongés, que nous avons accordé nos suffrages au parjure Bonaparte et que nous l'avons, de la sorte, aidé à se faire Napoléon III. Nous avons péché par ignorance et nous vons supporté le poids de nos fautes et de nos rreurs.

Mais aujourd'hui que la lumière est faite autour e nous, aujourd'hui que nous comprenons nos roits et nos devoirs, nous devons travailler sans esse à réparer nos fautes. A tous ceux qui sont ncore sans instruction, fils d'ouvriers et de bourgeois, nous devons montrer le chemin du progrès. Mais gardons-nous de les traiter comme des ennemis, considérons-les plutôt comme des malades à guérir et ne cherchons qu'à leur faire voir qu'ils ont dans l'erreur, en découvrant la vérité.

Surtout gardons-nous d'oublier que cette instruction, si utile à l'homme, est indispensable à la femme, car la femme ignorante est une entrave pour l'homme éclairé, si elle n'est pire encore. Si, au contraire, elle possède la même instruction, elle est son auxiliaire et même son égale.

Instruite, au lieu d'effrayer ses enfants en bas âge en leur parlant du Croquemitaine, du diable, des revenants et de toutes ces histoires d'outre-tombe, elle leur apprendra à s'aimer les uns les autres, à respecter leurs parents et leur prochain; elle les mettra sur la route de la sagesse et leur

donnera la connaissance de leurs droits et de leur
devoirs. En un mot, elle en fera de bons citoyen
en leur inculquant, dès leur bas âge, les principe
qui servent de ligne de conduite à tout républicai
convaincu.

Lorsque l'homme et la femme possèderont cett
même instruction, qui doit nous conduire à l
fraternité de tous les peuples, alors les princes, le
prétendants de tout genre, les disciples de Loyol
et tous leurs complices seront abandonnés à eux
mêmes. Faibles et méprisés, ils n'auront devan
eux qu'un abîme et derrière eux les remords de leur
iniquités, qui les suivront dans la tombe.

A tout détracteur du monde civilisé nous dirons
arrière les raccoleurs, arrière les préjugés, arrièr
le mensonge; place au progrès, place à la justice
place à la vérité.

C'est alors que les peuples comprendront qu
les guerres, quelles qu'elles soient, ne doivent pa
exister, que l'emploi de la force brutale est un
chose contre nature et que la raison ne peut pa
approuver.

C'est alors que tous les êtres humains reconnaî
tront qu'ils sont tous les enfants du même Dieu, né

ous le même soleil, et qu'ils déposeront les armes,
qui ne serviront plus qu'à être placées dans nos
Musées, pour être montrées à nos petits-enfants,
comme un souvenir d'un temps de barbarie.

Alors, tous les peuples, unis dans une sainte
alliance, se tendront la main pour ne faire qu'une
seule fédération, une seule et même République,
la République universelle.

Lyon. — Impr. A.A. PASTEL, petite rue de Cuire, 10.

www.ingramcontent.com/pod-product-compliance
Lightning Source LLC
Chambersburg PA
CBHW061452050726

47593CB00004B/1556